Reinhard Bonnke

Der Herr, dein Arzt

Heilung

Der Herr

Heilun

Titel der Originalausgabe:
The Lord, your Healer
ISBN 3-9804232-5-5

1. deutsche Ausgabe: 1995
ISBN 3-9803469-6-X
2. deutsche Ausgabe, 1. Auflage: November 2001

ISBN 3-935057-31-8

Gesamtauflage: 394.000 in 23 Sprachen

Die Bibelstellen wurden – soweit nicht anders vermerkt –
der revidierten Elberfelder Bibel entnommen.
Die Abkürzung DGN bezieht sich auf Die Gute Nachricht.

Umschlaggestaltung: Isabelle Brasche
Umschlagfotos: Corel Graphics Suite, Peter van den Berg
Satz: Roland Senkel

Herausgeber:

Full Flame GmbH
Postfach 60 05 95
60335 Frankfurt am Main
Deutschland

info@fullflame.com
www.fullflame.com

Printed in China

Gottes Gesundheitsfürsorge für alle

Jesus Christus ist der große Arzt, der Tag und Nacht Sprechstunde hat. Seine Praxis ist nie geschlossen. Terminvereinbarungen sind nicht nötig. Er ist Spezialist für alle Arten von Leiden, seien es seelische Krankheiten, körperliche Gebrechen oder gesellschaftlich bedingte Probleme. Zudem ist die Behandlung kostenlos.

Wir alle freuen uns über gute Gesundheit – wenn wir sie besitzen! Leider sind immer mehr Leute bereits beim Aufstehen am Morgen total erschöpft. Sie fühlen sich am Ende, ehe sie überhaupt richtig angefangen haben. Das hat Gott nie gewollt! Das Evangelium von Jesus Christus enthält das Programm der Gesundheitsfürsorge schlechthin für jede Nation der Erde. Die Bibel ist gewissermaßen das Gesundheitslexikon. Experten haben gesagt, dass unser Körper, mit der entsprechenden Sorgfalt behandelt, nach Gottes Absicht ein Leben lang gesund sein soll!

Auf den ersten Seiten der Bibel heißt es: *„Gott sah alles, was er gemacht hatte, und siehe, es war sehr gut"* (1. Mose 1,31). Und auf den letzten Seiten lesen wir: *„Der Tod wird nicht mehr sein, noch Trauer, noch Geschrei, noch Schmerz wird mehr sein"* (Offenbarung 21,4). Alles fing gut an und wird auch gut enden.

Krankheit in Gottes guter Welt ist wie Unkraut unter dem Weizen. Lassen wir uns nichts vormachen – nicht Gott hat das Unkraut gesät. Ein Feind hat dies getan (Matthäus 13,28). Gott hat Jesus gesandt, der *„umherging und wohltat und alle heilte, die von dem Teufel überwältigt waren; denn Gott war mit ihm“* (Apostelgeschichte 10,38). Hier erkennen wir den Protest des Schöpfers gegen die Sabotage, die der Teufel an Seinem Werk getrieben hat.

Gott hat z. B. Heilkräuter wachsen lassen, die die medizinische Forschung nach und nach wieder entdeckt. Doch Gott, der auf natürliche Art und Weise heilt, heilt auch übernatürlich. Die Bibel bestreitet, dass Krankheit Gottes Wille ist und sagt klar, dass Heilung von Gott kommt. Weitaus mehr Menschen werden heutzutage von Ihm angerührt, als die meisten von uns ahnen – ein klarer Beweis dafür, dass *„Jesus Christus derselbe ist, gestern und heute und in Ewigkeit“* (Hebräer 13,8). In unseren CfaN-Großevangelisationen erleben wir regelmäßig außerordentliche Heilungswunder.

Teil 1

Warum wir geheilt werden können

1. Wir können Heilung erwarten, weil Jesus sich nie verändert

Jesus heilte die Menschen, die zu Ihm kamen. Das war Sein Auftrag. Er kam, um zu retten und zu heilen. Auch kam Er nicht nur für die Menschen, die zufällig gerade während Seiner Erdenzeit lebten. Er wollte nicht nur ein paar tausend Leuten Hilfe und Heil bringen. Das war lediglich der Anfang. Die Bibel drückt es so aus: *„was Jesus angefangen hat, zu tun“* (Apostelgeschichte 1,1). Durch Seine Taten hat Jesus uns gezeigt, was Er tun wollte, damit wir sehen können, wie Er war und immer noch ist. Er kam, um sie – die Menschen damals – zu heilen, so wie Er auch dich und mich heilen will.

Die Menschen, die zur Zeit Jesu lebten, haben in Ihm wahrscheinlich in erster Linie den Arzt gesehen. Er *„ging umher“*, um zu heilen. Ja, so war Jesus. Er wartete nicht, bis die Kranken zu Ihm kamen; Er ging zu ihnen. Der Apostel Petrus spricht tatsächlich davon, dass Jesus zu eben diesem Zweck umherzog (Apostelgeschichte 10,38). Heilen war ein wesentlicher Bestandteil Seiner Mission. Jesus sagte selbst, dass Gott Ihn gesandt habe, um Gottes Werke zu wirken (Johannes 5,17; 9,3f).

Der Höhepunkt Seiner Macht

Wir lesen in der Schrift: *„Jesus Christus ist derselbe gestern und heute und in Ewigkeit“* (Hebräer 13,8). Jesus lebt, und Er heilt heute genauso gern wie damals. Er gleicht nicht dem Mond in seinen unterschiedlichen Phasen, der uns bei Neumond nur die dunkle Seite zeigt. Er ist *„die Sonne der Gerechtigkeit … und Heilung ist unter ihren Flügeln“* (Maleachi 3,20). Was Jesus war, das ist Er und bleibt es bis in Ewigkeit. Wunder sind ein wesentlicher Bestandteil des Evangeliums von Jesus Christus. Christsein ist von Anfang bis Ende etwas Übernatürliches, das sein Leben und seine Kraft aus der Auferstehung Jesu bezieht. Heilungen demonstrieren wesentliche Wahrheiten des Christentums; sie zeigen uns Jesus, wie Er wirklich ist.

Schauen wir uns einmal den Vers Jakobus 1,17 an:

> *„Jede gute Gabe und jedes vollkommene Geschenk kommt von oben herab, von dem Vater der Lichter, bei dem keine Veränderung ist noch eines Wechsels Schatten.“*

Jakobus entwickelt hier einen Gedanken, der auf die Arbeitsweise einer Sonnenuhr zurückgeht. Die Sonne geht auf und wieder unter. Während wir sie ihre Bahn am Himmel ziehen sehen, läuft der Schatten an der Sonnenuhr. Am Mittag steht die Sonne im Zenit – auf dem höchsten Punkt –, und der Schatten verschwindet. Dann neigt sie sich langsam wieder abwärts, und genauso langsam kriecht der Schatten über die Sonnenuhr. Ich rede jetzt natürlich von der normalen Sonne.

Doch Jakobus meint noch eine andere Lichtquelle, den *„Vater der Lichter"*. Jesus Christus ist das Licht aller Lichter, das Licht der Welt, und an Ihm gibt es keine Veränderung, die einen Schatten hervorrufen könnte. Er ist immer auf dem Höhepunkt Seiner Macht, Er steht ständig im Zenit. Bei Ihm ist keine Veränderung noch eines Wechsels Schatten! Er dreht sich nie, nimmt weder zu noch ab, geht weder auf noch unter. Er ist stets auf dem Gipfelpunkt Seiner Pracht, strahlt Seine Liebe und Sein Leben in aller Fülle und Brillanz aus. Das ist der Grund, weshalb heute Millionen geheilt werden.

Blicken wir zurück, sehen wir, dass Jesus immer noch der ist, der Er früher war. Blicken wir vorwärts, sehen wir, dass Er sein wird, wie Er immer war. Er **wird nicht** erst groß, Er **ist** groß. Er befindet sich jetzt, in diesem Augenblick, auf dem Höhepunkt Seiner Macht. Was Jesus Christus schon immer war, das wird Er immer sein – der Retter und der Heilende.

Christus, derselbe gestern, heute und in Ewigkeit

Sehen wir uns ein Beispiel aus dem Lukasevangelium an (7,11-17). Jesus weckt in Nain einen jungen Mann von den Toten auf, den Sohn einer Witwe. Wir lesen, dass Jesus Erbarmen mit der weinenden Mutter hatte. In derselben Gegend übrigens, in der Nain lag, hatten einst auch die beiden Propheten Elia und Elisa die einzigen Söhne ihrer Mütter von den Toten auferweckt (1. Könige 17; 2. Könige 4). Das lag 800 Jahre zurück.

Achten wir auf Folgendes: Sowohl von Elia als von Elisa heißt es, dass sie die Söhne ihren Müttern zurückgaben; **Jesus tat genau dasselbe.** Er weckte den toten

Jüngling auf und *„gab ihn seiner Mutter“* (Lukas 7,15). Christus kannte die Schrift sehr genau und wollte mit Seinem Tun sagen: „Ich war schon einmal hier!“ Letztlich war Er es nämlich gewesen, der die beiden Söhne vom Tod erweckt hatte. Jesus wirkte lange vor Seiner irdischen Geburt in Bethlehem bereits in Israel und hatte dort durch Elia und Elisa Seine Kraft offenbart. Achthundert Jahre hatten weder an Seiner Macht noch an Seinem Erbarmen etwas verändert. Eine Generation nach der anderen hat die heilende Berührung Christi erleben dürfen. Wunder sind Seine „Fingerabdrücke“, die typische Art Seines Wirkens. Er ist wie die helle Mittagssonne, und Er lässt sich nicht ausschalten. Sein strahlendes Licht vertreibt alle Finsternis.

2. *Wir können Heilung erwarten, weil Gott selbst ihr Ursprung ist*

Heilung hat ihren Ursprung in Gott. Sie wurde nicht von Menschen erfunden. Bereits auf den ersten Seiten der Bibel können wir lesen, dass Er Menschen heilte. Das war vor ca. 4.000 Jahren. *„Und Abraham betete zu Gott; und Gott heilte Abimelech und seine Frau und seine Mägde“* (1. Mose 20,17). Niemand hatte Gott nahe gelegt zu heilen, noch Ihn darum gebeten. Gott tat es, weil es Seinem Wesen entsprach, und Er tat es gerne.

Gewöhnlich schweigt man, wenn man etwas ungern tut. Wenn man es aber gerne macht – vielleicht ein Hobby oder eine bestimmte Sportart –, opfert man Zeit und Geld und spricht auch gern darüber. Gott hat nicht geschwiegen, als es um Heilung ging – Er konnte es gar nicht! Sein Herz war voller Mitgefühl. Er sprach nicht nur über Heilung, Er **praktizierte** sie auch.

Als Jesus kam, bot Er den Menschen Heilung an. Fast alle Wunder, die uns im Johannesevangelium berichtet werden, tat Er, ohne dass Ihn jemand darum bat. Er eilte zum Teich Bethesda, wo Hunderte von kranken und geplagten Menschen lagen, ohne dass Ihn jemand dazu aufgefordert hätte. Dort ging Er auf einen Gelähmten zu und fragte ihn, ob er gesund werden wolle. Der Mann antwortete nicht einmal mit einem klaren „Ja", trotzdem heilte Jesus ihn (Johannes 5). Später sah Er einen Blinden und schenkte ihm das Augenlicht, ohne erst lange zu fragen, was er wollte (Johannes 9). So ist Jesus. So war Er gestern, und so ist Er heute.

Wenn einer sieben Jahre oder länger Medizin studiert hat, wartet er nur darauf, eine Praxis zu eröffnen und kranke Menschen behandeln zu können. Es wäre lächerlich, wenn ein Arzt, nachdem er mit viel Mühe und Fleiß seine Approbation erworben hat, seinen Beruf nicht ausüben wollte. In Matthäus 8,17 lesen wir: *„Er selbst nahm unsere Schwachheiten und trug unsere Krankheiten."* Dieses Zitat stammt aus Jesaja Kapitel 53 und bezieht sich auf den Kreuzestod Jesu. Er hat unsere Schmerzen und unsere Sünden in Seinem eigenen Leib ans Kreuz getragen. Wenn Jesus für uns gestorben ist, ist es gewiss nicht zuviel, von Ihm Heilung zu erwarten.

3. *Wir können Heilung erwarten aufgrund des Namens Gottes*

Sein Name heißt im Hebräischen **Jahwe Rapha**: *„Der Herr, der dich heilt"* (2. Mose 15,26). Das ist Sein „Markenzeichen" als Arzt. Er demonstrierte es, als Mose das Volk Israel aus der Knechtschaft Ägyptens herausgeführt hatte. Nachdem sie drei Tage lang durch die Wüste gezogen waren und kein Wasser gefunden hatten, fingen sie an zu verzweifeln. Dann kamen sie nach Mara, mussten jedoch feststellen, dass das Wasser dort bitter und somit ungenießbar war. Das Volk war zornig auf Mose. Der wusste nicht mehr, was er machen sollte. Es blieb ihm nichts anderes übrig, als zu Gott zu schreien. Und Gott tat ein ganz besonderes Wunder. Er machte die bitteren Wasser von Mara gesund und zeigte damit, wer Er war: der Herr, der heilt (2. Mose 15,22-26).

Die große Spannweite der Güte Gottes wurde immer deutlicher. Der Gott, der das bittere Wasser von Mara gesund gemacht hatte, wollte die fauligen Wasser der ganzen Welt heilen und sie von ihrer Bitterkeit reinigen. Er hat uns Seinen Namen kundgemacht, Jahwe Rapha: *„Ich bin der Herr, der dich heilt.“* Niemand braucht mehr krampfhaft zu überlegen, wer Gott ist. Sein Name verrät es. Er heilt, das ist der Inbegriff Seiner Herrlichkeit. Für Ihn selbst mag das – um es menschlich auszudrücken – wie Musik für die Seele sein.

„Der Herr, der dich heilt“ – dieser Name galt nicht nur in Israel, er gilt jedem Menschen. So wie Gott an einem Ort ist, muss Er immer und überall sein. *„Gott ist König der ganzen Erde“* (Psalm 47,8). Wo ich auch bin, ob in Deutschland oder in Amerika, und wo du auch bist, das spielt keine Rolle: Der Herr ist derselbe auf der ganzen Welt! Gott ist überall Gott. Es gibt keinen speziellen Gott in Israel und einen anderen in Europa oder Afrika. Er verändert sich weder mit den Jahreszeiten noch mit den Jahren, die kommen und gehen. *„Ich bin, der ich bin. Ich bin der Herr, der dich heilt. Ich habe mich nicht geändert“* (2. Mose 3,14; 15,26; Maleachi 3,6). In der Tat, alles, was Gott ist, bleibt Er.

Immer und eben auch überall ist Er der Heilige, der Gerechte, der Barmherzige, der gute Hirte, der Retter und auch der Heiler.

4. *Wir können Heilung erwarten, weil es dem Wesen Gottes entspricht, zu ordnen, was in Unordnung ist*

Davon spricht die ganze Bibel – das, was verkehrt war, wird in Ordnung gebracht. Dazu gehören auch Leid und Krankheit. Die Heilige Schrift beginnt mit dem 1. Buch Mose, in dem das größte aller Wunder – die Schöpfung – geschildert wird. Die Erde war ohne Form, finster und öde. Dann verwandelte Gott sie in den wunderbaren Planeten, den wir heute kennen. Auch in unserer Zeit ist Gottes Geist wirksam, das, was Er an Finsterem und Zerbrochenem sieht, verwandelt er. Die Wüste blüht wie eine Rose, aus den Trümmern zerbombter Städte sprießen wilde Blumen hervor, aus Sündern werden Heilige und aus Kranken Gesunde.

Als das Böse Einzug hielt, verdorrte der Garten Eden. Dann erschien Gott selber mit Seinem Erlösungsplan, und bis zum heutigen Tag verwirklicht Er denselben. „*Mein Vater wirkt bis jetzt, und ich wirke*", sagt Jesus in Johannes 5,17. In Römer 8 finden wir die Verheißung, dass einmal die ganze Schöpfung von der Vergänglichkeit erlöst werden wird. Und das letzte Buch der Bibel spricht davon, dass die Blätter vom Baum des Lebens „*zur Heilung der Nationen*" dienen werden (Offenbarung 22,2). Heilung durch Blätter! Gott regiert nicht mit roher Gewalt, sondern handelt in Liebe und mit großem Erbarmen. Wir dürfen zu Gott kommen in dem festen Vertrauen, dass Er Mitleid mit unseren körperlichen Nöten hat. Der „Selbstheilungsmechanismus“ in uns ist zerstört worden. Deshalb sind so viele Menschen krank, und Gott ist traurig darüber.

5. Wir können Heilung erwarten, weil Gottes Gnade für alle Menschen da ist

Nachdem Jesus ungefähr ein Jahr lang fort gewesen war, kehrte Er wieder nach Nazareth zurück und predigte in der Synagoge, die Er früher häufig besucht hatte (Lukas 4,16-30). In Seiner Predigt erwähnte Er auch Naaman. Naaman war aussätzig. Er kam aus einem fremden Land, aus Syrien, und war der Oberbefehlshaber der syrischen Truppen. Er hatte Leute aus Israel gefangen weggeführt und besaß selbst ein israelisches Sklavenmädchen, aber Gott heilte ihn trotzdem (2. Könige 5). Jesus sprach weiter über eine Witwe, ebenfalls eine Ausländerin. Gott hatte Elia zu ihr gesandt und erhielt während einer Hungersnot nicht nur sie und Elia am Leben, sondern auch ihre Familie. Jesus wollte Seinen Zuhörern deutlich machen, dass Gott an allen Menschen interessiert ist, nicht nur an Seinem auserwählten Volk.

Übrigens waren die ersten Leute, die göttliche Heilung erlebten, Philister. Gott schickte sie zu Abraham; der sollte für sie beten, damit sie geheilt würden (1. Mose 20). Abraham hat diesen Philistern bestimmt nicht getraut, und später wurden sie ja auch zu Todfeinden Israels, aber Gottes Gnade gilt allen Menschen, weltweit. Er heilt nicht nur Heilige und Gottesfürchtige, sondern auch Sünder.

6. Wir können Heilung erwarten, weil Gott sie verheißen hat

Eigentlich müsste man nicht nur ein Büchlein, sondern ein ganzes Buch schreiben, um alle Verheißungen Gottes erwähnen zu können. Eine typische Stelle finden wir noch in Jakobus 5,15: *„Und das Gebet des Glaubens wird den Kranken retten, und der Herr wird ihn aufrichten, und wenn er Sünden begangen hat, wird ihm vergeben werden."*

Letztlich stellt jede Heilung durch Christus zugleich eine Verheißung dar. Was immer Gott getan hat, tat Er, um uns zu zeigen, was Er auch zukünftig tun will. Die Werke Jesu sind Zeichen und Prophezeiungen zugleich. Es war nie Sein Wunsch und Wille, nur in der Zeit Seiner Wirksamkeit auf Erden ein paar Kranke zu heilen. Zwar wird das von einigen Leuten behauptet, aber nichts von dem, was sie sagen oder schreiben, klingt wirklich überzeugend. So dürfen wir uns Jesus nicht vorstellen. **Sein Dienst auf dieser Erde war eine Demonstration dessen, was Er selbst zeitübergreifend ist, er sollte unseren Glauben stärken.** Der Dienst Christi bestand etwa zur Hälfte aus Heilungen. Das können wir nicht einfach vom Tisch wischen und sagen, es hätte keine Bedeutung mehr für unsere Probleme heute. Heute wie damals werden Menschen krank. Jesus weiß das sehr wohl, und Er hat uns aus diesem Grund die Evangelien gegeben, damit wir nachlesen können, was Er in solchen Fällen getan hat. Was wir dort schwarz auf weiß lesen, ist von allergrößter Bedeutung und soll uns Trost und Hoffnung vermitteln. Es kann nämlich nur eines bedeuten – Jesus heilt auch heute noch!

Manche sind der irrigen Ansicht, dass es falsch sei, Heilungsberichte weiterzugeben, um bei anderen ja keine „falschen Hoffnungen“ zu wecken. Wer so etwas sagt, kritisiert im Grunde die Evangelien, denn sie sind voll von derartigen Zeugnissen. Alle diese Berichte sind dazu bestimmt, Glauben zu wecken. Wer nicht möchte, dass Menschen Heilung von Gott erwarten, sollte sie auf keinen Fall die Bibel lesen lassen! Kein anderes Buch weckt solch große Hoffnungen wie die Heilige Schrift. Kein anderer Prediger hat die Menschen so nachhaltig ermutigt wie Jesus. Jeder entsprechende Bericht der Heiligen Schrift klingt so, als würde Gott sagen: *„Prüft mich doch darin!“* (Maleachi 3,10).

7. Wir können Heilung erwarten, weil Jesus gesagt hat: „Ich will!“

Um Glauben an Gott zu wecken, berichtet uns die Bibel eine Heilung nach der anderen. Der göttliche Scheinwerfer richtet sich im Neuen Testament zunächst auf einen Aussätzigen (Matthäus 8,1-3). Jesus ist, nachdem Er die Bergpredigt gehalten hat, gerade zurück ins Tal gekommen, als Ihm dieser Kranke über den Weg läuft und sagt: *„Herr, wenn du **willst**, **kannst** du mich reinigen.“* Das ist für viele die entscheidende Frage: **Will** Gott tun, was Er tun **kann**?

Zunächst geht es darum, sich klarzumachen, dass Er wirklich **kann**. Gott ist der „Allmächtige“. Wenn Er nicht in der Lage wäre, Kranke zu heilen, wäre Er nicht allmächtig und damit nicht Gott. In Jeremia 32,27 stellt Gott die rhetorische Frage: *„Siehe, ich bin der Herr, der Gott alles Fleisches! Sollte mir irgendein Ding unmöglich sein?“* Die Antwort erübrigt sich von selbst. Gott bezeichnet sich ja selber als den „Gott alles Fleisches". Gott kann demnach auch alles Fleisch heilen!

Dass Er **kann**, steht also fest, aber **will** Er auch? Die Begebenheit in Matthäus 8,3 gibt uns die Antwort. *„Und er* [Jesus] *streckte die Hand aus, rührte ihn an und sprach: Ich will. Sei gereinigt! Und sogleich wurde sein Aussatz gereinigt."*

Unmittelbar danach, im gleichen Kapitel, lesen wir von einem römischen Hauptmann, dessen Diener krank war. Jesus sagte zu ihm: *„Ich **will** kommen und ihn heilen"* (Vers 7). Diese beiden Worte *„ich will"* offenbaren uns das Herz Gottes. Die Worte Christi vergehen niemals. Sein *„Ich will"* ist ein kosmisches Gesetz. Seine Worte sind quasi im Himmel geschrieben, eingemeißelt in die Grundfesten der Erde. Es ist das „Amen!", das „Ja" Gottes auf unsere Hoffnungen. Das ist im Grundgesetz des Reiches Gottes verankert.

Unzählige Male finden wir dieses *„Ich will"* Gottes im Alten Testament. Diese beiden kleinen Worte sind der Schlüssel zu den göttlichen Bundesverheißungen, die Welt zu segnen. Der erste Bund (1. Mose 9) offenbart die Absicht Gottes, für jedes Geschöpf auf dieser Erde Sorge zu tragen. Er ist von Anfang bis Ende ein einziges großes *„Ich will"*! Das 2. Buch Mose beschreibt den Bund Gottes mit Israel; die Worte „ich will" kommen beinahe 100-mal darin vor; 46-mal finden wir sie in nur sechs Kapiteln des Jesajabuches und 19-mal in einem einzigen Kapitel des Propheten Jeremia (Kapitel 31). Als Jesus zu dem Aussätzigen sagte: *„Ich will!"*, trafen die Hunderte von göttlichen *„Ich will"*-Verheißungen wie ein scharf gebündelter Laserstrahl auf den

Kranken und „brannten“ seine Krankheit einfach weg. Gottes *„Ich will“* schließt Seinen Willen zur Heilung mit ein.

Wenn es um Heilung geht, sagt Gott auch heute noch: „Ich will.“ Vielleicht wendet jemand ein: „Ich habe für mich beten lassen, aber ich bin nicht geheilt worden. Also ist es wohl nicht Gottes Wille.“ Aber diese Schlussfolgerung ist falsch. Es muss andere Gründe geben! Dass jemand nicht geheilt wird, liegt nicht am Willen Gottes. Gott ändert Seine Meinung nicht – auch nicht deinetwegen! Du magst noch nicht geheilt worden sein, weil Satan dem Willen Gottes widersteht. Deshalb hat Jesus uns beten gelehrt: *„Dein Wille geschehe.“* Er hat gesagt, dass wir *„allezeit beten und nicht ermatten* [oder: den Mut verlieren] *sollten“* (Lukas 18,1). Also: Bete und vertraue weiter.

8. Wir können Heilung erwarten, weil Christus das Reich Gottes in diese Welt gebracht hat

Das Reich Gottes ist so etwas wie eine „vierte Dimension“, eine übernatürliche Ordnung, die Macht hat, sich die natürliche Ordnung untertan zu machen. Jesus brachte die Kraft des Himmels zu Menschen, die auf der Erde leben. Das Christentum ist etwas Übernatürliches. Das zeigt sich z. B. darin, dass Christen anderen im Namen Jesu die Hände auflegen und sie gesund werden (Markus 16,18).

9. *Wir können Heilung erwarten, vor allem deshalb, weil Christus für uns gestorben ist*

Nachfolgend zwei wunderbare biblische Verheißungen, die uns Mut machen sollen: *„Er, der doch seinen eigenen Sohn nicht verschont, sondern ihn für uns alle hingegeben hat: wie wird er uns mit ihm nicht auch alles schenken?“* (Römer 8,32).

„Er selbst nahm unsere Schwachheiten und trug unsere Krankheiten“ (Matthäus 8,17). Der Herr hat Himmel und Erde geschaffen. Jesus hat den Tod besiegt. Sollte Er sich da beim Anblick eines Krüppels oder Krebskranken geschlagen geben? Nein, niemals!

Teil 2

Wie wir geheilt werden können

1. Wir können durch Handauflegung geheilt werden

Jesus hat in Bezug auf Seine Nachfolger gesagt: *„Kranke, denen sie die Hände auflegen, werden gesund“* (Markus 16,18, DGN). Das ist das normale biblische Muster. Die ganz normalen Hände eines ganz normalen Menschen bewirken eine wunderbare Veränderung bei einem von Krankheit geplagten Menschen. Wie ist das möglich? Ganz einfach: weil Gott es so gewollt hat. Sterbliche Menschen fungieren sozusagen als Verteiler Seiner Gaben. Gottes Kraft wird durch Menschen wirksam. Das ist ein wunderbares Prinzip, das durch die ganze Schöpfung geht. Wie sinnlos erscheint es beispielsweise, ein Samenkorn in der Erde zu begraben, damit es stirbt; und doch erweckt Gott es zu neuem Leben, dass es aufschießt und Frucht bringt. So mag es uns auch sinnlos erscheinen, unsere Hand auf einen kranken Menschen zu legen, aber das ist alles, was Gott von uns verlangt. Es bewirkt Wunder. Wir pflanzen, und Gott gibt das Gedeihen. Wir legen die Hände auf, und Er heilt. Wir predigen, und Er rettet Menschen.

Warum hat Gott es so geplant? Erstens möchte Er, dass wir Kanäle Seiner Liebe sind. Er gießt Seine Liebe in unsere Herzen, und wir geben sie an andere weiter. Dadurch können die Menschen erkennen, dass Gott sie liebt, und wir lernen, anderen in Liebe zu dienen. Zweitens möchte Gott Seine Freude mit uns teilen. Es bereitet Ihm große Freude, zu segnen, zu heilen und zu retten. Und wenn wir mit Ihm zusammenarbeiten, haben wir auch Anteil an dieser Freude. Jesus sagt: „*Geh hinein in die Freude deines Herrn*“ (Matthäus 25,23).

2. *Wir können durch unsere eigenen Gebete geheilt werden*

Göttliche Heilung hängt unmittelbar mit dem „Gebet“ zusammen. Tausende und Abertausende sind durch Gebet geheilt worden.

Gott hört dein Gebet immer. Manchmal antwortet Er allerdings nicht direkt und persönlich, sondern schickt die Erhörung durch einen menschlichen Kanal, z. B. durch den Dienst eines anderen Christen. Die „*Gnadengaben der Heilungen*“ (1. Korinther 12,9) sind dazu gegeben, dass sie von einem zum anderen weitergegeben werden. Gott gibt einem Menschen Heilungen quasi „zur Verwaltung“. Diese Person ist dafür verantwortlich, kranken Menschen, die um Heilung gebetet haben, diese Heilung zu bringen. Also: Der Beter empfängt durch einen anderen die Erhörung.

Ich habe es oft erlebt, dass ich jemandem eine Heilung von Gott „weitergereicht“ habe, der darum gebetet hatte. Wenn dieser Mensch dann in einem Gottesdienst nach vorne kam, durfte er die Heilung in Empfang nehmen. In einer Versammlung in Norwegen sagte Gott beispielsweise zu mir, ich sollte für einen Gelähmten beten, obwohl ich keinen sah. Schließlich wagte ich, dies trotzdem zu tun. Eine Frau, die ganz hinten in der

Menge saß, hatte schon oft wegen dieser Sache zu Gott geschrien, und an jenem Tag erhörte Er sie. Ich war dabei im Grunde so etwas wie ein „Zustellbote“ im Auftrag Gottes. Weltweit erleben die meisten Menschen Krankenheilung durch die göttliche Anordnung der Handauflegung, zuweilen in Verbindung mit einer Salbung mit Öl (Markus 16,18; Jakobus 5,14-16). Der Gehorsam dem Wort Gottes gegenüber bringt stets Segen.

3. *Wir können ohne eigenes Dazutun geheilt werden*

Eine Frau wurde bewusstlos in eine unserer Veranstaltungen hereingetragen, an der 50.000 Menschen teilnahmen, und der Herr machte mich durch ein Wort der Erkenntnis darauf aufmerksam. In dem Augenblick, als ich dies öffentlich aussprach, rührte Gott sie an; sie kam wieder zu sich und war gesund! Häufig rührt der Herr kleine Kinder und sogar Säuglinge an, die noch gar nicht verstehen, worum es geht. Oder Er heilt Menschen, die zu krank sind, um selber denken zu können. Sie können persönlich überhaupt nichts tun, und doch werden sie geheilt – einfach durch einen souveränen Akt Gottes.

Es ist ganz normal, dass Menschen geheilt werden, ohne damit gerechnet zu haben. Bei einer unserer Großevangelisationen kreuzte eine Bande von Jugendlichen auf, um Krawall zu machen. Sie brachten einen Blinden mit, der ihnen als Vorwand für die Unruhestiftung dienen sollte, wenn er nicht durch mein Gebet geheilt würde. Während er noch mit ihnen zusammenstand, konnte er nach dem allgemeinen Heilungsgebet plötzlich sehen! Ein andermal kam ein Wahnsinniger in eine unserer Versammlungen und stellte sich ganz hinten in die Menge.

Plötzlich berührte ihn Gott, ohne dass ich irgendetwas Besonderes getan hätte. Der böse Geist verließ ihn, der Mann war schlagartig normal und wunderte sich nur, wie er dorthin gekommen war! Manchmal kann Gott es einfach nicht erwarten, bis wir etwas tun. Er ist da, um zu heilen, und Er tut, wozu Er da ist – Er heilt.

4. Wir können durch den Glauben anderer Menschen geheilt werden

Jakobus 5,14-16: *„Ist jemand krank unter euch? Er rufe die Ältesten der Gemeinde zu sich, und sie mögen über ihm beten … Und das Gebet des Glaubens wird den Kranken retten* [oder: heilen], *und der Herr wird ihn aufrichten … betet füreinander, damit ihr geheilt werdet."*

In Markus 2 finden wir den Bericht von dem Gelähmten, der, von vier Männern getragen, zu Jesus gebracht wurde. In Vers 5 und 11f heißt es: *„Und als Jesus* ***ihren*** *Glauben sah, spricht er zu dem Gelähmten: Ich sage dir, steh auf, nimm dein Bett auf und geh in dein Haus! Und er stand auf, nahm sogleich das Bett auf und ging vor allen hinaus."*

Durch Gebet in unseren Gottesdiensten sind Menschen, die kilometerweit entfernt wohnten und nicht einmal wussten, dass für sie gebetet wurde, geheilt worden. In der Tat, beten wir nicht alle für Freunde und Bekannte, auch wenn sie weit weg sind – und das mit Erfolg? Die Ärzte sprechen dann manchmal von „spontaner Besserung", aber nichts geschieht spontan oder von selbst, alles hat seine Ursache. Der Dichter Tennyson schrieb: „Weit mehr wird durch Gebet bewirkt, als diese Welt sich träumen lässt." Wie Recht er hat!

5. *Wir können durch unseren eigenen Glauben geheilt werden*

Damit kommen wir zu einem, wie viele meinen, äußerst kritischen Punkt. Ich habe bis jetzt in diesem Büchlein sehr wenig über Glauben gesprochen, weil viele bei der bloßen Erwähnung des Wortes die Waffen strecken, als wäre das einfach zu viel von ihnen verlangt. Um es ganz deutlich zu sagen – Gott tut das Unmögliche nicht durch „unmöglichen" Glauben. Was Er sehen möchte, ist „möglicher" Glaube – ein Glaube, der dir persönlich möglich ist.

Die Jünger baten den Herrn Jesus einmal, Er möge ihnen den Glauben mehren. Wenn es nach den Millionen von Predigten ginge, die man heutzutage zu hören bekommt, müsste man annehmen, dass Jesus nichts lieber getan hätte als das – aber Er tat es nicht! Er erklärte den Jüngern vielmehr, dass Glaube nichts mit Größe zu tun hat. *„Wenn ihr Glauben habt wie ein Senfkorn, so würdet ihr zu diesem Maulbeerfeigenbaum sagen: Entwurzele dich und pflanze dich ins Meer! Und er würde euch gehorchen"* (Lukas 17,6). Und doch hat das bis heute noch kein Mensch fertig gebracht! In unserem modernen, hochtechnisierten Zeitalter würde Jesus vielleicht ein anderes Beispiel gebrauchen, um deutlich zu machen, was Er meinte. Vielleicht würde Er sagen: „Wenn ihr Glauben habt wie ein dünner Sicherungsdraht, kann trotzdem die Hochspannung Gottes zu euch fließen." Übrigens, der Unglaube ist es, der die Sicherung durchbrennen lässt, jedoch nicht die Hochspannung Gottes!

Nachfolgend fünf Fakten über den Glauben:

- Glaube ist deine geistliche Hand, die einfach erfasst, was ihr dargeboten wird.
- Glaube ist kein fester Besitz. Er ist eine Entscheidung, eine aktive Tat, ein gläubiges Vertrauen.
- Der Glaube ist dann am größten, wenn man ihn am wenigsten spürt, wenn man sich verhält wie ein zutrauliches Kind.
- Glauben heißt, sich von Gott hochheben und tragen zu lassen – eben wie ein Kind vom Vater.
- Glauben bedeutet, die Dinge Gott zu überlassen.

Spürst du, dass es dir an Glauben mangelt? Verzage nicht! Du kannst glauben, d. h. Gott vertrauen, denn *„der Glaube ist aus der Verkündigung* [oder: dem Hören], *die Verkündigung aber durch das Wort Christi"* (Römer 10, 17). Der erste Teil dieses Büchleins, „Warum wir geheilt werden können", bringt dir Gottes Wort. Lies ihn mehrmals durch, und dann geh dorthin, wo dieses Wort verkündigt wird. Überprüfe deine „Sicherung"! Wirf deine Zweifel über Bord, tu Buße über deinen Unglauben, ändere deinen Sinn und lass unter Handauflegung mit dir beten!

Die Prämie

Ein letztes Wort: Wenn es dir nur um Heilung geht, versäumst du sehr viel. Göttliche Heilung ist durch das Kreuz Christi möglich geworden, aber Christus starb, um viel mehr zu tun als zu heilen. Er starb, um uns den weitaus größeren Segen der Erlösung zu bringen, uns Vergebung unserer Sünden und Frieden mit Gott zu schenken. Er ist nicht nur der Heiler, sondern der Retter! Jesus hat selbst gesagt, es sei besser, als Krüppel in das Leben einzugehen, als gesund in das ewige Feuer geworfen zu werden (Matthäus 18,8; Markus 9,43).

Heilung zu wollen, aber gleichzeitig Christus abzulehnen, führt zur größten Katastrophe. Tatsächlich werden Millionen von Menschen deshalb nicht geheilt, weil sie den Heiler Jesus Christus ablehnen. Er schickt die Heilung nicht, Er bringt sie persönlich. Es ist letztlich wohl besser, gerettet zu sein, als geheilt zu werden. Noch besser ist es, beides zu bekommen – d. h. Christus persönlich als Retter und Heiler aufzunehmen, genau das möchte Gott: alles schenken. *„Wie wird er uns mit ihm nicht auch alles schenken?“* (Römer 8,32).

Weitere Bücher von Reinhard Bonnke

Wenn das Feuer fällt ...

(überarbeitete Neuauflage!)

„In diesem Buch geht es nicht um Mittel und Methoden, sondern um geistliche Prinzipien. Gott will dir Einfallsreichtum schenken. Es gibt so viele Methoden wie es Führungen gibt. Nur Mut! Wir brauchen Christen, die etwas Neues wagen. Leute, die mit bekannten und bewährten Methoden arbeiten, gibt es schon genug. Damit meine ich auch die Methoden, die ich selbst ausprobiert und als bewährt erlebt habe. Evangelistische Methoden, die in der Vergangenheit wenig bewirkt haben, werden auch heute nicht viel mehr ausrichten. Einfach mechanisch vor sich hinzutrotten, mag von manchen Treue genannt werden, aber unser Hauptziel beim Evangelisieren ist Effektivität, nicht irgendeine verschrobene Form von Treue.“ (Reinhard Bonnke)

Als Lehrprogramm mit Werkbuch und auch auf Audio- und Videokassetten erhältlich.

Manifestationen - Die Gaben und Kraft des Heiligen Geistes

Geistesgaben sind keine Ehrenabzeichen für verdiente Christen, sondern Kriegswaffen im Glaubenskampf. Untermauert durch Beispiele und Erlebnisse aus Reinhard Bonnkes langjährigem weltweitem Dienst als Evangelist bietet diese biblische Auslegung von 1. Korinther 12 mehr als nur Theorie.

„Ich habe dieses Buch nicht geschrieben, um blind zu wiederholen, was bereits gesagt wurde. Sicher haben schon andere vor mir gesehen und gesagt, was in diesem Buch enthalten ist; doch alles entstammt einer erneuten Prüfung des Wortes Gottes. Das Buch ist eine „frisch geprägte Münze“, die eine originale und unabhängige Prüfung der Heiligen Schrift bietet; es enthält sich jeder Spekulation. Das war der Leitgedanke, dem ich gefolgt bin.“

Reinhard Bonnke

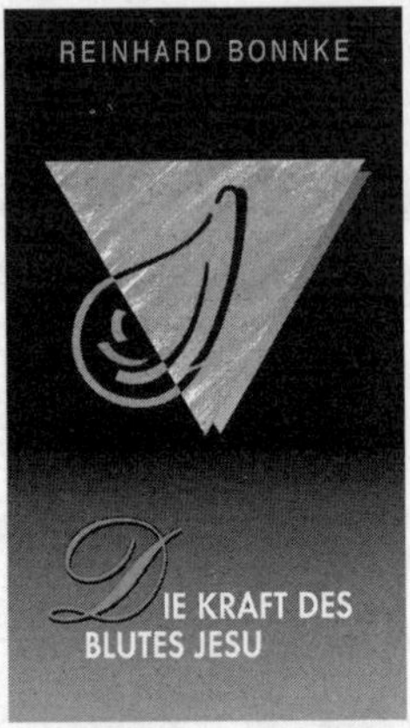

Die Kraft des Blutes Jesu

Das Blut Jesu ist einzigartig: Es ist heilig und kostbar. Durch Jesu Blut werden Menschen von ihren Sünden erlöst, Gebundene freigesetzt, Ketten gesprengt und Gotteskinder vor den Angriffen des Feindes beschützt.

Heilsgewissheit

Zum wichtigsten Faktor im Glaubensleben eines jeden Neubekehrten zählt zweifellos die Gewissheit, wirklich errettet zu sein. Sie ist das wichtige Verbindungsstück zwischen Errettung und Jüngerschaft. Anhand biblischer Beispiele gibt dieses Buch Ratschläge für die ersten Glaubensschritte neubekehrter Christen.

Die Taufe im Heiligen Geist

Die größte Gewissheit für die Realität des Heiligen Geistes kommt aus einer persönlichen Berührung mit den Kraftwirkungen Gottes. Die biblischen Aussagen zu diesem Thema werden hier sachlich und verständlich erklärt. Allgemeine Irrtümer werden ausgeräumt, und der Leser wird dazu ermutigt, persönlich die Geistestaufe zu empfangen.

Wie empfange ich ein Wunder?
Das wahrscheinlich größte Hindernis, göttliche Wunder anzunehmen, ist unsere Unfähigkeit, Gottes Wirken zu verstehen. Die Auslöser der Wunderwirkungen sind Gottes Wort, Vertrauen und Gehorsam. Wo diese drei eingesetzt werden, geschehen Wunder. Dieses Büchlein öffnet die Türen ungläubiger Herzen und befähigt sie, von Gott Wunder zu erwarten.

Fürbitte
„Evangelisation ohne Fürbitte ist wie Dynamit ohne Zünder“, lautet eine bekannte Aussage Reinhard Bonnkes. Christen müssen ihren Anspruch an die Welt geltend machen und sie für Gott gewinnen. Gebet und Fürbitte vertreibt den eingedrungenen Feind, zerstört seine Festungen und nimmt verlorenes Gebiet wieder in Besitz. Dieses Buch beschreibt klar und präzise den Fürbitteauftrag. Es ermutigt Christen, die Waffe des Gebets wieder zu entdecken und wirkungsvoll einzusetzen.

... gegen die Zeit

Die Botschaft vom Kreuz erobert die Welt!

*Die Hölle plündern und den Himmel bevölkern – dies ist eine Herausforderung **... gegen die Zeit!***

Dieses Buch entstand aus einer Vortragsreihe, die Reinhard Bonnke an der Regent Universität in den USA hielt. Wer könnte besser über dieses Thema reden und schreiben als er, der seit über 25 Jahren Millionen von Menschen auf allen Kontinenten das Evangelium verkündigt? Allein in den letzten 6 Jahren hörten mehr als 30 Millionen Menschen seine Botschaft.

Das Buch ist eine klare Herausforderung an jeden Einzelnen, seine Prioritäten zu überprüfen, dem Ruf Gottes zu folgen, die Gute Botschaft zu verkündigen und Menschen vor der